BEI GRIN MACHT SICH IHR WISSEN BEZAHLT

- Wir veröffentlichen Ihre Hausarbeit, Bachelor- und Masterarbeit

- Ihr eigenes eBook und Buch - weltweit in allen wichtigen Shops

- Verdienen Sie an jedem Verkauf

Jetzt bei www.GRIN.com hochladen und kostenlos publizieren

GRIN

Spezielle Anwendungsfelder der Rehabilitationspsychologie

Louisa Papke

Bibliografische Information der Deutschen Nationalbibliothek:

Die Deutsche Nationalbibliothek verzeichnet diese Publikation in der Deutschen Nationalbibliografie; detaillierte bibliografische Daten sind im Internet über http://dnb.d-nb.de abrufbar.

ISBN: 9783346748201
Dieses Buch ist auch als E-Book erhältlich.

© GRIN Publishing GmbH
Nymphenburger Straße 86
80636 München

Druck und Bindung: Books on Demand GmbH, Norderstedt Germany
Gedruckt auf säurefreiem Papier aus verantwortungsvollen Quellen

Das vorliegende Werk wurde sorgfältig erarbeitet. Dennoch übernehmen Autoren und Verlag für die Richtigkeit von Angaben, Hinweisen, Links und Ratschlägen sowie eventuelle Druckfehler keine Haftung.

Das Buch bei GRIN: https://www.grin.com/document/1290301

Einsendeaufgabe: Alternative C

Spezialisierung: Rehabilitationspsychologie

Eingesandt: 07.10.22

Modul: Spezielle Anwendungsfelder der Rehabilitationspsychologie.

SRH Fernhochschule Riedlingen

Von: Louisa Papke

Studiengang: Prävention und Gesundheitspsychologie

Abkürzungsverzeichnis

BE	Belastungserprobung
BFW	Berufsförderungswerk
BTZ	Berufliches Trainingszentrum
BBW	Betriebsbildungswerk
bspw.	beispielsweise
EX-IN	Experienced Involvement
ggf.	gegebenenfalls
HK	Handwerkskammer
IHK	Industrie- und Handelskammer
LTA	Leistung zur Teilhabe am Arbeitsleben
MA	Mitarbeiter
RVL	Rehabilitationsvorbereitungslehrgang
WfbM	Werkstatt für behinderte Menschen
w.z.B.	wie zum Beispiel
z.B.	zum Beispiel

Abbildungsverzeichnis

Tabellenverzeichnis

1 Aufgabe C1

1.1 Einleitung

Die Rentenversicherung des Bundes in Berlin registrierte in den vergangenen zehn Jahren eine besonders starke Zunahme psychischer Erkrankungen. 2018 wurden über 170.000 stationäre Rehabilitationen auf Grund psychischer Krankheiten bewilligt, über 50.000 mehr als zehn Jahre zuvor. Somit nimmt die Nachfrage zu Angeboten der beruflichen Teilhabe stetig zu. Die Fachleute der Rentenversicherung gehen aber nicht davon aus, dass die Bundesbürger heute häufiger psychisch krank werden als in früheren Jahrzehnten. Dies begründen sie damit, dass psychische Erkrankungen heute besser erkannt werden und damit häufiger diagnostiziert werden.[1]

Aus diesem Grund wird in der ersten Teilaufgabe der Fokus auf den Wegweiser Arbeit (SB1554) gerichtet und drei der insgesamt 14 Hilfen im Detail beschrieben. In diesem Zusammenhang wird der Bezug zu Angeboten für Menschen mit Psychiatrischen Erkrankungen hergestellt. Vorab wird auf den Wegweiser Arbeit eingegangen, um ein Verständnis hinsichtlich seines Konzepts im Allgemeinen zu entwickeln.

1.2 Definition Wegweiser Arbeit

Im Jahr 2000 wurde der Wegweiser Arbeit (ursprünglich eingeführt unter den Namen „Kölner Instrumentarium") von Experten der Therapie und Rehabilitation entwickelt. Der Wegweiser beschreibt 14 mögliche Angebote im System der beruflichen Teilhabe, für psychisch erkrankte und beeinträchtigte Menschen. Er wendet sich an Psychiatrieerfahrende, Angehörige, Fach- und Beratungspersonal und dient als eine Orientierungshilfe in der Planung, Gestaltung und Durchführung der Teilhabe, sowie der beruflichen Rehabilitation. Dabei werden drei

---

[1] Vgl. Business Insider Deutschland GmbH 2019

große Bereiche differenziert: Vorbereitung auf berufliche Rehabilitation, berufliche Rehabilitation und Integration in die Arbeit. Die vierzehn Hilfen sind sowohl
einzeln als auch in Kombination miteinander anwendbar. Zur besseren Verständnis ist das Modell in Abbildung 1 dargestellt.[2]

Abb.1: Wegweiser Arbeit

Quelle: https://forschen-und-teilen.de/wegweiser-arbeit/

Im Nachfolgendem werden drei der insgesamt 14 Hilfen, mit dem Bezug zu
Angeboten für Psychiatrische Erkrankungen, beschrieben.

1.2.1 Belastungserprobung

Die Belastungserprobung ist eine mögliche Maßnahme, die innerhalb des Wegweisers Arbeit in den Bereich der „Vorbereitenden Maßnahmen" gehört. Die BE
setzt ein, wenn die medizinische Behandlung noch im Vordergrund steht, jedoch
eine Abklärung im Hinblick auf die berufliche Zukunft sinnvoll ist. Die Aufgabe

---

[2] Vgl. forschen und teilen 2022; Wegweiser Arbeit

der BE besteht hierbei, die aktuelle handlungsorientiere Arbeitsfähigkeit des Betroffenen in einem oder mehreren Arbeitsfeldern festzustellen.[3] Daraus resultierend soll erkannt werden, ob der Betroffene in der Lage ist, seinen früheren Beruf nachzugehen, ob er an einer LTA teilnehmen kann und ob der Betroffene schulungsfähig ist, um geeignete Vorschläge für die berufliche Wiedereingliederung oder ggfs. einer Umschulung zu erarbeiten.[4] Zu der Zielgruppe von BE gehören grundsätzlich Menschen mit einer körperlichen und/oder psychischen Beeinträchtigung, die nach der Überwindung der akuten Phase, wieder arbeitstätig sein möchten. Des Weiteren können Personen die BE in Anspruch nehmen, die länger berentet oder krankgeschrieben waren und ihre Arbeitsfähigkeit ausloten möchten.[5] Die Durchführung einer BE kann innerhalb einer Rehabilitationsklinik (interne BE) oder von einem BFW (externe BE) erfolgen. Innerhalb eines Betriebes findet eine BE seltener statt. Durch die interne BE wird den Rehabilitanden die Möglichkeit gegeben, sich in den Tätigkeitsbereichen wie Hauswirtschaft, Lager, Werkstätten, kaufmännische und gewerbliche Arbeitsplätze, sowie Tätigkeiten des Außenbereiches des Klini-kum´s zu erproben. Darunter sind spezielle Diagnose- und Testverfahren, die die psychische und berufsbezogene Fähigkeit klären.[6] Für Menschen mit einem schweren psychischen Krankheitsverlauf, gibt es Rehabilitationseinrichtungen für psychisch Kranke. Diese Institutionen zeichnen sich durch das Angebot aus, eine medizinische, als auch eine berufliche Rehabilitation anzubieten.[7] Bei BE, die von einem externen Anbieter oder von einem Betrieb durchgeführt werden, wird vorrangig überprüft, ob der Rehabilitand an seinen früheren Arbeits-platz zurückkehren kann. Alternativ wird dem Rehabilitanden die Gelegenheit gegeben, andere Abteilungen im Betrieb kennenzulernen. Im Fokus der internen, als auch der externen BE steht die Überprüfung der Dauerbelastbarkeit, das Verhalten bei Mehrfachanforderungen, das Arbeitsverhalten, die Arbeitsleistung, das Sozial-verhalten sowie die psychische und körperliche Belastbarkeit. Bei psychosomatischen Leiden und Abhängigkeitserkrankungen wird auch die Förderung sozialer Kompetenzen, sowie die Steigerung der Motivation zum Erhalt des Arbeitsplat-

---

[3] Vgl. forschen und teilen 2022; Belastungserprobung
[4] Vgl. Rehadat Bildung 2022
[5] Vgl. forschen und teilen 2022; Belastungserprobung
[6] Vgl. Rehadat Bildung 2022
[7] Vgl. forschen und teilen 2022; Belastungserprobung

zes bzw. zu einer Bewerbung gestärkt. Die Angaben zur Dauer einer BE können zwischen vier und neun Wochen und am Tag zwischen mindestens drei und maximal acht Stunden schwanken. Die Dauer hängt von der individuellen Situation des Rehabilitanden und vom Umfang der Testungen während der Maßnahme ab.

Im Anschluss an die BE erfolgt die Erstellung eines Berichtes für den Auftraggeber und den Teilnehmer. Die Kosten für die BE tragen die Unfall- und Rentenversicherungsträger sowie die Krankenkassen.[8]

1.2.2 Ausbildung/Umschulung

Die Ausbildung/Umschulung ist dem Teilbereich der beruflichen Rehabilitation angegliedert. Im Gegensatz zu einer klassischen Aus- oder Weiterbildung ist die Umschulung eine zweite Berufsausbildung und dauert neun Monate bis zwei Jahre. Sie kann betrieblich, schulisch oder außerbetrieblich stattfinden. Die Umschulung fungiert für Rehabilitanden, die anstreben einen neuen Beruf zu erlernen, weil sie aufgrund der Art und Schwere ihrer psychischen Beeinträchtigung oder Behinderung, den bereits erlernten Beruf nicht mehr langfristig ausüben können. Das Ziel einer Umschulung ist ein anerkannter Ausbildungsabschluss, der von der IHK, HWK oder durch ein anderweitiges Zertifikat mit einer Abschlussprüfung **abgeschlossen** wird.[9]

In der Regel ist einer Umschulung ein RVL vorgeschaltet. Zu den Inhalten des RVL zählt die Entwicklung von individuellen Lernstrategien, sowie die Förderung von sozialen Kompetenzen. Das Ziel des RVL ist es, die Teilnehmer so gut auf die Umschulung vorzubereiten, dass es möglichst zu keinen Abbrüchen kommt und die anstehende Umschulung erfolgreich bewältigt wird.[10] Während der Umschulung sind die Teilnehmer in einem BFW untergebracht. BFW haben ihren Schwerpunkt bei der Durchführung von Umschulungen. Die Teilnehmer wohnen während der Umschulung im BFW und verbringen nur die Wochenenden an ihrem Wohnort. Hierbei erfolgt keine Trennung zwischen einer theoretischen und praktischen Umschulung. Gelegentlich ist eine berufliche Rehabilitation auch in

---

[8] Vgl. Rehadat Bildung 2022
[9] Vgl. forschen und teilen 2022; Ausbildung / Umschulung
[10] Vgl. forschen und teilen 2022; Ausbildung / Umschulung

einem Betrieb oder einer wohnortnahen Alternative möglich.[11] Bei der Aus-/Umschulung handelt es sich um eine handlungsorientierte Ausbildung, in der theoretische und praktische Inhalte verknüpft werden. Der Schwerpunkt liegt dabei auf dem Erlernen und Fördern von fachlichen und sozialen Kompetenzen für den anstehenden Beruf. Während des gesamten Prozesses werden Entspannungstraining, Selbstsicherheitstraining oder Trainingseinheiten zu Prüfungsvorbereitungen angeboten. Zusätzlich sind Therapieangebote wie Psychotherapie sichergestellt. Anhand des Rehabilitationsförderplanes werden die Rehabilitanden von professionellen Bezugspersonen w.z.B. den Sozialarbeitern, den Psychologen, den Ärzten sowie den Reha- und Integrationsmanagern betreut.[12]

Die Leistungen werden vom Rehabilitationsträger übernommen, nach dem der Antrag auf Rehabilitation überprüft ist. Die Rehabilitanden erhalten bei Anspruch ein Übergangsgeld als Lebensunterhalt. Menschen mit Beeinträchtigung und noch keiner Ausbildung, wenden sich an BBW (bis zu 25 Jahre) oder an einen beruflichen Bildungsträger, der den Schwerpunkt bei der Durchführung von außerbetrieblicher Erstausbildung legt. Eine Ausbildung die den Bedürfnissen des Rehabilitanden entspricht, kann aufgrund der Förderung von Selbständigkeit und Autonomie, im Idealfall dazu beitragen, die Beeinträchtigung im Zuge der Erkrankung auszugleichen.[13]

1.2.3 Begleitung in der Startphase

Die Begleitung in der Startphase ist dem dritten Teilbereich des Wegweisers Arbeit, der „Integration in Arbeit oder Beschäftigung" zuzuordnen und wird von Integrationsfachdiensten im Bereich der Vermittlung und speziellen Fachdiensten an Rehabilitationseinrichtungen angeboten. Diese Phase erfolgt, wenn alle vorbereitenden Maßnahmen, sowie berufliche Aus- oder Weiterbildungen abgeschlossen sind und der Rehabilitand auf dem allgemeinen Arbeitsmarkt, in einer WfbM oder einem Zuverdienstangebot angenommen wird. Die Startphase erfordert eine sechsmonatige intensive Begleitung der Arbeit oder der Beschäftigung, um

---

[11] Vgl. Deutsche Rentenversicherung 2022
[12] Vgl. forschen und teilen 2022; Ausbildung/Umschulung
[13] Vgl. forschen und teilen 2022; Ausbildung/Umschulung

einen ersten und sicheren Verbleib zu gewährleisten. Insbesondere bei Psychiatrieerfahrenen ist die Bedeutung der professionellen Begleitung nicht hoch genug einzuschätzen, da die Zeit für viele eine Krise oder Bewährungszeit bedeutet.[14]

Wesentliche Aspekte des Punktes „Begleitung in der Startphase" sind die Beratung in Einzelgesprächen und die Begleitung zum Betrieb, die von Fachkräften wie Fallmanagern, Arbeitsberatern, Berufsfachleuten, EX-IN, Job Coaches oder Psychologen angeleitet werden. Anfangs haben die Rehabilitanden gemeinsam mit dem betreuenden Fallmanager die Möglichkeit, eine Eingliederungsvereinbarung abzuschließen und zu versuchen, diese umzusetzen. Ein Bsp. wäre, eine stufenweise Wiedereingliederung die vom Psychologen angeordnet wurde, um das Risiko eines möglichen Abbruchs oder einer Verschlechterung der gesundheitlichen Verfassung vom Rehabilitanden entgegenzuwirken. Je nach Situation und fachspezifischen Anliegen können die Rehabilitanden hierbei von z.B. Arbeitsanleitern, -beratern oder -pädagogen während der Einstiegsphase in handlungsbezogenen Abläufe und während des Arbeitens betreut werden. Ggf. kann ein Jobcoach in dieser Phase hinzugezogen werden, der in Zusammenarbeit mit allen Beteiligten Strategien entwickelt, mit denen vorhandene Probleme oder Schwierigkeiten, aufgrund der Beeinträchtigung, in der Arbeitssituation gelöst werden können. Bei Psychiatrieerfahrenden kann eine psychosoziale und fachärztliche Unterstützung von großer Bedeutung sein, um bspw. erhebliche Ängste oder Unsicherheiten in der Einstiegsphase zu begleiten, mit dem Ziel, diese zu minimieren.

Fachärzte für Psychiatrie müssen sich regelmäßig mit beruflichen Fragen auseinandersetzen, mit dem Ziel die Gesundheit des Patienten aufrecht zu erhalten und bei Notwenigkeit weitere Maßnahmen einzuleiten. In einem vertraulichen Gespräch kann darüber nachgedacht werde, wie der Rehabilitand gegenüber anderen MA und Vorgesetzten mit seiner durchlebten psychischen Erkrankung umgeht. Ergänzend hierzu kann nach Bedarf ein EX-IN hinzugezogen werden, der aufgrund des eigenen psychiatrischen Erfahrungshintergrundes authentisch das Gefühl von Hoffnung und den Glauben an Weiterentwicklung vermitteln kann. Des Weiteren ist eine Begleitung der Rehabilitanden in

---

[14] Vgl. forschen und teilen 2022; Begleitung in der Startphase

schwierigen Situationen, wie bspw. finanzieller Starthilfe, grundsätzlich möglich. Denkbar sind Termine mit der Bundesagentur für Arbeit und dem Jobcenter. Neben den genannten Themen stehen die Fachberater bei der Entscheidung zur Seite, ob eine Überleitung zur begleitenden Hilfe beim Integrationsfachdienst erforderlich ist. Im Falle einer Verschlechterung des Gesundheitszustandes des Rehabilitanden, ist die Konzeption eines „Krisenplans" angedacht.[15]

Während des gesamten Prozesses stehen die Berater den Rehabilitanden zur Seite, um die gesammelten Erfahrungen zu besprechen und auf die individuellen Bedürfnisse oder auch Enttäuschungen, sowie Probleme einzugehen. Das Ziel dabei ist, die Arbeitsbedingungen für alle Seiten zu verbessern und zugleich das selbständige Arbeiten für den Rehabilitanden zu fördern. In diesem Zusammenhang fungieren die Betreuenden, besonders für Psychiatrieerfahrende, als wichtige Impulsgeber für Verbesserungen und als Sicherheit spendende Vertrauenspersonen. Die Wahrscheinlichkeit eines erfolgreichen Eintritts in das Arbeitsleben wird demgemäß effizient erhöht. Die finanzielle Übernahme ist durch das Integrationsamt, der Agentur für Arbeit oder des Jobcenters gegeben.[16]

2 Aufgabe C2

2.1 Einleitung

Die steigende Zahl psychischer Erkrankungen wirkt sich auf berufliche Unternehmen aus und belastet Arbeitnehmer und Arbeitgeber zunehmend. Trotz dessen wird die Perspektive von Führungskräften und Mitarbeitern in den Betrieben auf psychisch erkrankte Menschen bislang von der Rehabilitationsforschung kaum thematisiert. Ein breites Verständnis für die Anliegen und Problemlagen der Vorgesetzten und Kollegen ist jedoch die Voraussetzung, für eine gelingende Unterstützung beim Erhalt des Arbeitsplatzes und eine nachhaltig gestaltete berufliche Integration von psychisch erkrankten Personen.

---

[15] Vgl. forschen und teilen 2022; Begleitung in der Startphase
[16] Vgl. forschen und teilen 2022; Begleitung in der Startphase

Im Folgendem wird der Blick auf die Erfahrungen gelenkt, indem auf Belastungen von Teams durch MA mit psychischen Erkrankungen eingegangen wird und typische Interventionen von Führungskräften erläutert werden. Daraus ergeben sich Hinweise, die als Ansatzpunkte für Unterstützungsleistungen in der Zusammenarbeit mit Arbeitgebern, bei der Eingliederung psychisch auffälliger Menschen, dienen können.

2.2 Belastungen von Teams durch Kollegen mit psychischen Erkrankungen

Psychische Erkrankungen stellen Störungen der psychischen Gesundheit einer Person da, die durch eine Kombination von belastenden Gedanken, Emotionen, Verhaltensweisen und Beziehungen zu anderen gekennzeichnet sind. In der Arbeit zeichnen sich psychische Erkrankungen häufig dadurch aus, dass Einschränkungen über längere Zeiträume bestehen, wiederholt auftreten und auch in Zeiträumen der Stabilität Unsicherheiten auf beiden Seiten bestehen.[17]

Die größte Belastung für Teams in der Zusammenarbeit mit psychisch erkrankten Mitarbeitern liegt im Entstehen von zwischenmenschlichen Spannungen. In 40% der von Baer untersuchten Problemsituation wird nach Angaben der Vorgesetzten das Teamklima geschädigt. In 30 % der genannten Fälle kommt es zu einem Zerwürfnis des Teams.[18] Baer beschreibt den typischen Verlauf einer solchen Problemsituation, mit an-fänglichem Mitleid und Hilfsbereitschaft der Kollegen. Besteht auf der Seite des psychisch Erkrankten, jedoch keinerlei Einsicht oder Kommunikationsbereit-schaft, verringert sich im weiteren Verlauf das anfängliche Verständnis und Wut steigt auf. Die Belastung in Teams nimmt besonders zu, wenn der MA launisch und aggressiv ist. Das Arbeitsklima ist hierdurch massiv in Mitleidenschaft gezogen, wodurch eine Spaltung von Teams erfolgen kann. Ein Faktor der sich auf das Ausmaß an Spannungen auswirkt, sind Teams in denen keine Fehler er-laubt sind. Hierdurch können Belastungen mit psychisch erkrankten MA signifikant zunehmen, da zum einen Ängste geschürt werden und zum anderen vermehrt die Ursachen für Fehler bei den Kollegen gesucht werden,

---

[17] Vgl. Baumann 2019, S.50
[18] Vgl. Baer 2015, S.137

so dass es zwangsläufig zu Schuldzuweisungen und Ungerechtigkeiten kommen kann. Ist der Umgang mit Fehlern in einem Team klar und werden Fehler transparent kom-muniziert, ist das Risiko einer Beeinträchtigung des Teamklimas geringer und es kommt seltener zu Teamspaltungen. Eine Intensivierung der schwierigen Dyna-mik liegt vor, wenn es sich bei der psychisch kranken Person um eine Führungs-kraft mit problematischen Verhaltensweisen (u.a. Schuldzuweisungen, subjektive Unfehlbarkeit, Abwertung anderer) im Unternehmen handelt. Faktoren wie Leis-tungsminderung, Unzuverlässigkeit und übermäßige Abwesenheit werden als weniger belastend von Teams eingestuft. Führungskräfte hingegen sehen diese Faktoren als belastend an.[19] Im Falle einer Wiedereingliederung ist eine früh-zeitige Einbeziehung des Teams, zur Planung der Integration des psychisch erkrankten Mitarbeiters bedeutsam. Es hat sich als Vorteil erwiesen, wenn Kolle-gen die Anpassungen am Arbeitspatz als angemessen wahrnehmen können. In diesen Zusammenhang ist eine psychologische und juristische Beratung seitens der Führungskraft bedeutsam, um fachgerecht informieren zu können.[20]

Um die im Vorwege genannten Probleme zu lösen, wenden Führungskräfte unterschiedliche Interventionen an, die im Folgenden aufgezeigt werden.

2.3 Typische Interventionen von Führungskräften bei Mitarbeitern mit psy-chischen Erkrankungen

Nach den Ergebnissen der Studie von Baer und Fasel geben 50 % der Führungs-kräfte an, Probleme mit psychisch auffälligen MA gelöst zu haben. Auffallend ist jedoch, dass 90% der Lösungen einer Kündigung entspricht.[21] Im Allgemeinen ist eine Kündigung nicht verkehrt, wenn von Seiten des Arbeitgebers ein zukünftiges Arbeitsverhältnis ausgeschlossen werden kann. Laut Baer müsste eine Trennung frühzeitig erfolgen, was häufig nicht der Fall ist. Im Durchschnitt erfolgt eine Trennung erst nach drei Jahren mit andauernden Problemsituationen. Ein nega-

---

[19] Vgl. Baer 2015, S.137
[20] Vgl. Baer 2015, S.137-138
[21] Vgl. Baer 2015, S.138

tiver Effekt dieser Umgangsweise, liegt in der langwierigen negativen Erfahrung der Arbeitgeber. Dies ist insofern nachteilig, da nach einem solchen negativen Verlauf Arbeitgeber nicht mehr gewillt sind, Menschen mit psychischer Erkrankung einzustellen. Auf diese Weise wird langfristig die Stigmatisierung von psychisch kranken Personen genährt. Baer schlägt daher vor, Arbeitgebern in problematischen Situationen, die ein Arbeitsverhältnis ausgeschlossen erscheinen lassen, frühzeitig eine Trennung vom entsprechenden MA zu empfehlen.[22] Die Gründe für die längere Dauer liegen darin begründet, dass Führungskräfte sich lange Zeit gehemmt fühlen, dass Verhalten zu thematisieren und erst aktiv werden, wenn die schwere der Beeinträchtigung der Zusammenarbeit ihnen keine andere Wahl mehr lässt. Andere Führungskräfte bemühen sich, indem sie die Arbeitsorganisation diskutieren, an die Pflichten und Konsequenzen der Arbeitnehmer appellieren oder das persönliche Gespräch mit ihnen suchen.[23]

Baer unterscheidet hierbei vier Typen von Führungskräften beim Umgang mit psychisch erkrankten Mitarbeitern:

Führungskräftetyp	Art und Weise der Intervention
Der Aktivist	15% interveniert umfangreich, allerdings unstrukturiert und wenig zielorientiert
Der Autoritäre	45% fordert eine bessere Arbeitseinstellung auf, kündigt Konsequenzen an „Zusammenreißen bitte"
Der Achtsame	25% interveniert nicht, abwartendes und beobachtendes Verhalten
Der Distanzierte	15% rät dem Mitarbeiter, einen Arzt zu kontaktieren

Tabelle 1: Typen von Führungskräften
Quelle: Eigene Darstellung in Anlehnung an Baumann 2019, S.51

---

[22] Vgl. Baer 2015, S.139
[23] Vgl. Baer/Fasel 2011, S.48

In einer Tabelle geben Baer und Fasel eine Übersicht zu den angewandten Interventionen der Führungskräfte:

Variable	Ausprägung	Prozent (%)
	Gespräche mit XY geführt und XY persönlich unterstützt	88.2
	die Situation beobachtet und zugewartet	46.5
	XY an die Pflichten erinnert und/oder Konsequenzen angesprochen	70.9
	mit XY die Arbeitsorganisation diskutiert	72.2
	Kontakt mit HR-/Sozial-/betriebsärztlichen Diensten aufgenommen	23.7
Interventionen der	vor allem den direkten Vorgesetzten von XY gecoacht	30.9
Vorgesetzten und	an die an sich vorhandene Leistungsmotivation von XY appelliert	57.6
Personalverant-	arbeitsrechtliche Massnahmen eingeleitet	28.9
wortlichen	XY aufgezeigt, dass es helfen kann, sich zusammenzureissen	46.9
(n=654)	die Arbeitsaufgaben von XY angepasst	44.3
	gesagt, XY soll eine Auszeit nehmen	18.5
	gesagt, XY solle zu einem Arzt/Psychologen gehen	39.3
	das Gespräch mit Angehörigen (Partner, Eltern etc.) von XY gesucht	19.4
	die Arbeitskollegen informiert und/oder unterstützt	62.8
	externe Stellen beigezogen (IV-Stellen o.ä.)	16.8

Abb. 2: Interventionen von Führungskräften
Quelle: Baer/Fasel 2011, S.47

Die Tabelle zeigt auf, dass Führungskräfte am häufigsten ein persönliches Gespräch führen, um den MA zu unterstützen. Daran schließen sich 72,2% an, die die Arbeitsorganisation diskutieren und 70,9%, die an die Pflichten erinnern und Konsequenzen ansprechen. Auffallend ist, dass nur wenige Führungskräfte eine externe Unterstützung hinzuziehen. Problematisch an den Interventionen ist der ungezielte Einsatz, der unabhängig von der Problemsituation erfolgt. Baer merkt an, dass es fraglich ist, inwiefern Vorgesetzte im Hinblick auf die Problemsituation des psychisch kranken MA, hierfür über Kompetenzen verfügen.[24] Aus diesem Grund besteht in der Hinzuziehung eines Fachberaters für Rehabilitation eine professionelle Unterstützung der Führungskräfte. Alle Akteure erfahren dadurch Entlastung. Die externe professionelle Hilfe wird von Arbeitgebern als Partner erlebt, auf die in zukünftigen Situationen Verlass ist. Hierdurch wird zusätzlich Offenheit für Integrationsbemühungen in weiteren Fällen gefördert.

---

[24] Vgl. Baer 2015, S.137

2.4 Unterstützung von Arbeitgebern durch Rehabilitations-Fachpersonal

Rehabilitationsfachberater können die Rolle von Übersetzern zwischen Arbeitgebern und Arbeitnehmern übernehmen. Sie können Wissen über die krankheits-
bedingten Einschränkungen und Arbeitsanforderungen erhalten und somit als
vermittelnde Instanz agieren.[25] Ihre Aufgabe liegt zunächst darin, bei dem
behandelnden Arzt des Rehabilitanden in Erfahrung zu bringen, welche
Einschränkungen aus medizinischer Sicht bestehen, welche Gegebenheiten im
Betrieb förderlich für die Arbeitsfähigkeit (bspw. die Aufgabenverteilung für den
Rehabilitanden) sind und welche Anpassungen am Arbeitsplatz erforderlich sind.
Der Austausch ist eine Grundvoraussetzung für eine langfristige Integration in
den Arbeitsmarkt, da die Ärzte aus professioneller Sicht das Leistungsvermögen
und die Bedürfnisse am besten abschätzen können. Insbesondere hierfür ist das
Einbindung einer Fachkraft vom Vorteil, da die Ärzteschaft einerseits der
Schweigepflicht unterliegt und andererseits die Patienten einem Austausch
zwischen Arzt und Arbeitgeber nicht einwilligen. Im Falle einer Krankschreibung
kann durch die Hinzuziehung einer Rehabilitations-Fachkraft in gemeinsamer
Absprache mit Arbeitnehmer und Arbeitgeber festgellt werden, ob die
Krankschreibung bspw. aufgrund von Konflikten am Arbeitsplatz erfolgte oder
welche anderweitigen Probleme vorliegen.

Bear beschreibt, dass die Ärzteschaft bei psychischen Problemen häufig schnell
und relativ lang undifferenziert die Betroffenen krankschreibt.[26] Problematisch ist
das Vorgehen deshalb, da längere Fehlzeiten oft Vorboten von künftigen Ent-
lassungen sind, besonders bei einer Eingliederung. Indem ein Fachberater die
Situation analysiert, können unnötige Fehlzeiten verkürzt werden oder im Idealfall
vermieden werden. Folglich bespricht die Führungskraft mit dem Vorgesetzten,
welche Verhaltensweisen und Leistungsaspekte als besonders problematisch
vom Arbeitgeber und dessen Unternehmen erachtet werden und wie hoch die
Bereitschaft ist, den erkrankten Mitarbeiter weiter zu beschäftigen. In diesem
Zusammenhang erfolgt eine Absprache, welche Arbeitsanpassungen ggf. not-

---

[25] Vgl. Baer 2015, S.140
[26] Vgl. Baer 2015, S.139

wendig wären und welche Informationen die Arbeitskollegen erhalten sollen.[27] Auf dieser Grundlage kann ein Eingliederungsplan erstellt werden und mit den Beteiligten besprochen werden. Eine Änderung des gemeinsam abgestimmten Eingliederungsplan ist nur mit Zustimmung beider Partner möglich. Im Vorfeld werden Konsequenzen formuliert, falls es zu einer Nichteinhaltung kommt. Durch das Hinzuziehen einer Fachkraft wird für beide Seiten, Arbeitgeber und Arbeitnehmer ein vertrauensvolles Setting aufgebaut, dass eine Grundlage für eine langfristige Integration in den Arbeitsmarkt darstellt.

3 Aufgabe C3

3.1 Einleitung

Im Hinblick auf die steigende Zahl von psychischen Erkrankungen und die damit verbundenen Auswirkungen im Arbeitskontext, können das betriebliche Gesundheitsmanagement, sowie betriebliche Präventionsmaßnahmen einen Beitrag dazu leisten, Arbeitsbedingungen gesundheitsförderlich zu gestalten und individuelle Kompetenzen im Umgang mit Arbeitsanforderungen zu stärken, so dass die psychischen Potenziale der Mitarbeiter erhalten bleiben. [28]
Latocha hat ein Gruppentraining für psychisch erkrankte Mitarbeiter in einer WfbM erprobt und evaluiert. Mit dem Training wird angestrebt, die Gesundheit und Arbeitsfähigkeit psychisch erkrankter Mitarbeiter zu fördern. Im Gruppentraining „Gesund" handelt es sich um ein Training, dass Erkenntnisse aus bestehenden Gruppen-, Präventions-, und Therapieprogrammen zusammenführt. Mit Blick auf psychisch erkrankte Mitarbeiter formuliert Latocha, dass diese besondere Angebote benötigen, in die Wissen aus der klinischen Psychologie und aus der Arbeitspsychologie integriert werden. Latocha geht hierzu auf die Wirksamkeit und Wirkfaktoren von Gruppentherapien ein.[29] In diesem Zusammenhang werden die elf therapeutischen Faktoren der Gruppentherapie nach Yalom er-

---

[27] Vgl. Baer 2015, S.141
[28] Vgl. Baumann 2019, S.63
[29] Vgl. Baumann 2019, S.65-69

läutert. Anschließend wird die Haltung des Gruppenleiters verdeutlicht und exemplarisch darauf eingegangen, wie die Leiterin einer Gruppe zur Förderung der beruflichen Widereingliederung in einem BTZ, den Faktor „Entwicklung von sozialer Kompetenz" fördern und den Faktor „Imitationsverhalten" nutzen könnte.

3.2 Elf therapeutische Faktoren der Gruppentherapie nach Yalom

1. Hoffnung

Hoffnung zu wecken und zu erhalten, ist nach Yalom ein wesentlicher Grundbaustein in jeder Psychotherapie. Hoffnung motiviert die Patienten und verhindert dabei das Risiko, eines vorzeitigen Abbruchs der Therapie. Die Überzeugung in der Behandlung Hilfe zu erfahren und die diesbezügliche positive Erwartungshaltung korrelieren, laut Yalom, mit dem Therapieerfolg.[30]

2. Universalität des Leidens

Zahlreiche Menschen denken vor dem Beginn einer Gruppentherapie, dass alleine sie mit schwerwiegenden Problematiken zu kämpfen haben. Laut Yalom fühlen sich die Betroffenen „in ihrem Element einzigartig". Dies führt häufig zu einer Isolierung und die Hürde in Kontakt mit Personen zu treten, vergrößert sich dabei. Mit dem Fokus auf die Universalität des Leidens, wirkt die Gruppentherapie diesem Verhalten entgegen, indem ein Austausch mit anderen Klienten erfolgt, dessen Problematiken den eigenen stark ähneln.[31]

3. Mitteilen von Informationen

Beim Mitteilen von Informationen handelt es sich um psychoeduktative Inhalte. Dabei wird durch den Gruppenleiter oder anderen Klienten fundiertes Wissen, über psychische Krankheiten vermittelt, wodurch dysfunktionale Muster verändert werden können und das Krankheitsverständnis verbessert wird. Psychoedukation erfolgt, teilweise implizit, mit dem Erleben eines Therapieprozesses. Es erweist sich als wirksam, wenn die Informationen mit den eigenen Erfahrungen gekoppelt werden.[32]

---

[30] Vgl. Yalom 2007, S.24
[31] Vgl. Yalom 2007, S.28-29
[32] Vgl. Yalom 2007, S.32

4. Altruismus

Für eine Erklärung des Begriffes Altruismus, gibt Yalom eine alte chassidische Geschichte wieder. In der Geschichte handelt es sich um zwei Gruppen verzweifelter und fröhlicher Menschen. Beide Gruppen sitzen hierbei an einem gleich großen langen Tisch, mit identisch gedecktem Besteck und Essen. In der ersten Gruppe sind die Anwesenden hungrig und verzweifelt, da der langstielige Löffel zu lang ist, um die Speise zum Mund zu führen. Die andere Gruppe ist dagegen fröhlich und wohlgenährt, da die Menschen in dieser Gruppe gelernt haben, einander mit dem langstieligen Löffel zu füttern.[33] Das gegenseitige Geben und Nehmen der Klienten untereinander, ist ein wesentlicher Vorgang von Gruppentherapie, der in dieser Parabel Ausdruck findet. Das gute Gefühl einerseits Unterstützung von anderen Klienten zu erfahren und andererseits signalisiert zu bekommen, anderen Unterstützung bieten zu können, stärkt das Selbstwertgefühl.

5. Korrigierende Rekapitulation des Geschehens in der primären Familiengruppe

Viele Klienten erlebten/-en in der Ursprungsfamilie unbefriedigende Erfahrungen. In der Therapie werden früher oder später Interaktionen geführt, die denen in der Ursprungsfamilie ähnlich sind. Nach Yalom eignet sich dabei die Gruppe als stellvertretende Familie. Die Gruppenleiter können bspw. stellvertretend für die Eltern sein und die Klienten als Geschwister oder weitere Familienmitglieder angesehen werden. Der reflektierende Umgang mit problematischen Interaktionen ermöglicht den Klienten, eine korrigierende Rekapitulation des Geschehens in der primären Familiengruppe. [34]

6. Entwicklung sozialer Kompetenzen

In allen therapeutischen Gruppen ist das soziale Lernen ein wirksamer Faktor, wobei der Vermittlungsprozess auf unterschiedliche Weise erfolgt, je nachdem in welchem Kontext sich der Patient in Therapie befindet. Im Vordergrund können dabei offizielle Anlässe, w.z.B. anstehende Gespräche mit dem Arbeitgeber oder auch private Szenen stehen. Anderseits wird das Erlernen von sozialen Kompetenzen, wie die Konfliktfähigkeit, Empathie und ein ehrliches Feedback ermöglicht, dass in privaten wie auch im beruflichen Bereich von Bedeutung sein kann.[35]

---

[33] Vgl. Yalom 2016, S.36-37
[34] Vgl. Yalom 2007, S.39-40
[35] Vgl. Yalom 2007, S.41

7.Imitationsverhalten

Yalom beschreibt, dass in Gruppentherapien ein Nachahmungsprozess zu beobachten ist. Gruppentherapeuten beeinflussen die Kommunikationsmuster ihrer Klienten, indem z.B. das Senden von Ich-Botschaften oder Verhaltensweisen, wie die Selbstoffenbarung oder Unterstützung, exemplarisch vorführen. Ebenso imitieren, einzelne Mitglieder bestimmte Verhaltensweisen anderer Gruppenmitglieder und können dabei voneinander lernen, indem sie sich gegenseitig bei Problemlösungsversuchen beobachten. [36]

8. Interpersonales Lernen

Zu den drei Komponenten des interpersonalen Lernens zählen die Bedeutung interpersonaler Beziehungen (1), das korrigierende emotionale Erlebnis (2) und die Gruppe als sozialer Mikrokosmos (3).[37] Die Gruppentherapie ermöglicht den Klienten in einem geschützten Rahmen (3) herauszufinden, wie ihr Verhalten auf andere Teilnehmer wirkt und wie das Verhalten anderer Einfluss auf das eigene Verhalten nimmt. (1) Hierbei können Gruppenmitglieder ihre zwischenmenschliche Kommunikation verbessern und ggf. dysfunktionale Muster in der Beziehung zu anderen schneller erkennen und korrigieren (2).[38]

9. Gruppenkohäsion

Kohäsion ist das gruppentherapeutische Gegenstück zur therapeutischen Beziehung in der Einzeltherapie und ist in allen psychotherapeutischen Gruppen erforderlich.[39] Gruppenkohäsion umfasst hierbei den Zusammenhalt der Gruppe, das Gemeinschaftsgefühl, sowie das Gruppenklima und ist ein wesentlicher Grundbaustein für eine erfolgreiche Gruppentherapie.[40]

10. Katharsis

Katharsis wird das Erleben und Ausdrücken von positiven wie auch negativen Gefühlen in gruppentherapeutischen Prozessen zugeschrieben.[41] Alleine trägt Katharsis jedoch nicht zum Therapieerfolg bei. Erst durch die Reflexion und die Zuschreibung von Bedeutung wird Veränderung möglich.

---

[36] Vgl. Yalom 2007, S.42
[37] Vgl. Yalom 2007, S.43
[38] Vgl. Yalom 2016, S.24
[39] Vgl. Yalom 2007, S.80
[40] Vgl. Yalom 2007, S.83
[41] Vgl. Yalom 2007, S.119-120

11. Existenzielle Faktoren

Nach Yalom sind die existenziellen Faktoren ein fünfstelliges Item-Cluster, dass sich mit grundlegenden Aspekten des Menschenseins beschäftigt.[42] Damit meint Yalom, unveränderliche Faktoren w.z.b. die Sterblichkeit oder die Tatsache, dass schlimme Ereignisse passieren können und letztlich jedes Individuum trotz Rat und Unterstützung anderer, selbstständig für das eigene Leben verantwortlich ist. Mit der Akzeptanz der existenziellen Faktoren wird das Ertragen von Widrigkeiten laut Yalom leichter. Besonders sind diese Beobachtungen auf gruppentherapeutische Erfahrungen mit onkologischen Patienten zurückzuführen.[43]

Im weiteren Verlauf werden die Funktionen der Gruppenleitung in dem Gruppen-training „Gesund" nach Latocha erläutert.

3.3 Funktionen des Gruppenleiters

Im Gruppentraining „Gesund" kommen mehrere Funktionen der Gruppenleitung zum Tragen. Die Aufgabe des Gruppenleiters besteht nach Angaben von Yalom darin, den therapeutischen Prozess zu planen, zu initiieren und zu bewirken, dass er ständig mit maximaler Effektivität verläuft.[44] Zudem ist der Gruppenleiter für die Zusammenstellung und den Erhalt der Gruppe, den Aufbau einer Gruppenkultur und die Aktualisierung und Ausleuchtung des Hier und Jetzt verantwortlich. Die Grundhaltung des Gruppenleiters muss von aufrichtiger Anteilnahme, Akzeptanz, Wertschätzung, Authentizität und Empathie geprägt sein. Auf diesem Fundament entsteht eine langfristige positive Beziehung zwischen den Klienten und dem Gruppenleiter. Laut Yalom heißt es, dass keine Technik wichtiger sei, als diese essentiellen Grundeinstellungen.[45] Bei der Auseinandersetzung mit der Frage, welche Funktionen des Gruppenleiters in einem Gruppentraining am zuträglichsten sind, arbeitet Yalom vier wesentliche Faktoren heraus, zu denen die folgende Tabelle einen Überblick bietet.[46]

---

[42] Vgl. Yalom 2007, S.128
[43] Vgl. Yalom 2007, S.136
[44] Vgl. Yalom 2007, S.148
[45] Vgl. Yalom 2007, S.148
[46] Vgl. Yalom 2007, S.585

Funktion	Verhaltensweise
Emotionale Anregung	„Herausfordernde, konfrontierende Aktivität, eindringliches Beispielgeben durch das Eingehen persönlicher Risiken und weitgehende Selbstoffenbarung."
Anteilnahme	„Unterstützung, Zuwendung, Lob, Schutz, Wärme, Annahme, Echtheit, Besorgtheit."
Sinngebung	„Erklären, klarstellen, interpretieren, der Veränderung einen kognitiven Rahmen geben, Gefühle und Erlebnisse in Ideen übersetzten."
Exekutive Funktion	„Grenzen, Regeln, Normen, Ziele setzten, Zeit einteilen, das Tempo des Fortschreitens bestimmen, Verfahren anhalten, unterbrechen und vorschlagen."

Tabelle 2: Funktionen des Gruppenleiters
(Quelle: Eigene Darstellung nach Yalom 2007, S.585

Yalom betont die Bedeutung eines Gleichgewichts der vier Aspekte. So ist weder eine zu starke noch eine zu schwache emotionale Anregung für den Gruppenprozess vom Vorteil. Im letzten Abschnitt dieser Einsendeaufgabe wird exemplarisch eingegangen, wie die Leitung in einer Gruppe zur Förderung der beruflichen Widereingliederung von Rehabilitanden in einem BTZ den Faktor „Entwicklung von sozialer Kompetenz" fördern und „Imitationsverhalten" nutzen könnte.

3.4 Förderung der Komponente „Entwicklung von sozialer Kompetenz" und Nutzung des Faktors „Imitationsverhalten" in einem BTZ

Im Rahmen eines Trainings zur beruflichen Wiedereingliederung in einem BTZ erweist sich das Fördern von sozialen Kompetenzen im Zusammenhang mit dem Nutzen von Imitationsverhalten als essentiell wirksam. Im Vordergrund stehen dabei oftmals offizielle Anlässe, wie das Vorbereiten auf Gespräche mit dem Arbeitgeber. Die Rehabilitanden können sich bspw. mit Hilfe von Rollenspielen auf ein Vorstellungsgespräch vorbereiten. Videoaufzeichnungen ermöglichen hierbei eine genaue Analyse, die im geschützten Rahmen besprochen werden können. Eine weitere effektive Übung ist der Umgang mit Konfliktsituationen, die auf die Rehabilitanden in den potenziellen Betrieben zukommen können. Der Umgang sowie die Reaktion auf die jeweilige Konfliktsituation sind essentielle Faktoren, die eine bedeutsame Auswirkung auf den Konflikt herbeiführen. Um passend auf die Konfliktsituation reagieren zu können, besteht die Möglichkeit eines Rollenspiels, indem die Gruppenleitung die Rolle eines unfreundlichen, kritisierenden Chefs übernimmt. Anschließend kann die Gruppe mit Hilfe der Leitung herausarbeiten, welche Verhaltensweisen positiv waren und welche Reaktionen durch andere ersetzt werden müssten. Bei Teilnehmern die ungern telefonieren oder Probleme beim Interagieren des Gesprächspartners am Telefon aufzeigen, bietet sich ein Telefontraining an. Die Nutzung des „Imitations-verhalten" erscheint, wenn die Gruppe gemeinsam mit ihrer Leitung reflektiert, welche gezeigten Verhaltensweisen z.B. in einem Rollenspiel zuträglich und wel-che weniger angemessen sind. Das Ausprobieren neuer Verhaltensweisen wird dabei durch Rollenspiele gefördert. Ebenso imitieren einzelne Mitglieder be-stimmte Verhaltensweisen anderer Gruppenmitglieder und können dabei vonein-ander lernen, indem sie sich gegenseitig bei Problemlöseversuchen beobachten. Die unterschiedlichen Verhaltensweisen in der Gruppe zeigen ihnen Alternativen auf und erweitern dabei den Horizont. Die Kommunikationsmuster der Gruppen-leitung haben einen erheblichen Einfluss auf die Teilnehmer, besonders im Hin-blick auf die berufliche Widereingliederung. So ist die Kommunikation der Grup-penleitung im Training mitentscheidend, wie die Teilnehmer im Betrieb bspw. bei Konfliktsituationen kommunizieren. Setzt eine Gruppenleitung vermehrt Ich-Botschaften ein, lässt die Teilnehmer aussprechen, hört ihnen aktiv zu und wendet im Allgemeinen eine wertschätzende Kommunikation an, ist die Wahrscheinlichkeit einer wertschätzenden Kommunikation gegenüber den Mitarbeitern und dem Arbeitgeber im Betrieb höher. Ebenso fungieren die Zuverlässigkeit und die Pünktlichkeit des Gruppenleiters besonders in einem BTZ im Zusammenhang der beruflichen Wiedereingliederung als Rollenvorbild. Yalom widmet der Entwicklung von Normen in einer Gruppe einen großen Raum. [47]

---

[47] Vgl. Yalom 2007, S.153

Literaturverzeichnis

Baer, N. (2015). Erfahrungen von Arbeitgebern. In J. Storck, & I. Plößl (Hrsg.), Handbuch Arbeit. Wie psychisch erkrankte Menschen in Arbeit kommen und bleiben. (3 Aufl.) (S. 133-141). Köln: Psychatrie Verlag GmbH.

Baer, N., & Fasel, T. (2011). Schwierige Mitarbeiter. Wahrnehmung und Bewältigung psychisch bedingter Problemsituationen durch Vorgesetzte und Personalverantwortliche. Bericht im Rahmen des mehrjärhigen Forschungsprogramms zu Invalidität und Behinderung (FoP-IV). Beiträge zur sozialen Sicherheit NR.1/11.

Baumann, R. (2019). Wege in Arbeit für Menschen mit psychischer Erkrankung (1. Aufl). Riedlingen: Studienbrief der SRH Fernhochschule.

Business Insider. (2019). Studie: Mehr Menschen wegen psychischer Krankheit berufsunfähig. Abgerufen am 29. 08. 2022 von https://www.businessinsider.de/wirtschaft/studie-mehr-menschen-wegen-psychischer-krankheit-berufsunfaehig-2019-4/

Deutsche Rentenversicherung. (2022). Berufsförderungswerk. Abgerufen am 31. 08. 2022 von https://www.deutsche-rentenversicherung.de/DRV/DE/Reha/Reha-Einrichtungen/Berufliche-Reha-Einrichtungen/berufliche_reha_einrichtungen.html

forschen und teilen. (2022). Wegweiser Arbeit. Abgerufen am 29. 08. 2022 von https://forschen-und-teilen.de/wegweiser-arbeit/

forschen und teilen. (2022). Belastungserprobung. Abgerufen am 30. 08. 2022 von https://forschen-und-teilen.de/belastungserprobung/

forschen und teilen. (2022). Ausbildung/Umschulung. Abgerufen am 31. 08. 2022 von https://forschen-und-teilen.de/ausbildung-umschulung/

forschen und teilen. (2022). Begleitung in der Startphase. Abgerufen am 01. 09. 2022 von https://forschen-und-teilen.de/begleitung-in-der-startphase/

Rehadat   Bildung.   (2022).   Belastungserprobung/Medizinisches-berufliches
Assessment. Abgerufen am 30. 08. 2022 von https://www.rehadat-
bildung.de/bildungsmassnahmen/abklaerung-der-beruflichen-eignung-
und-berufsfindung/belastungserprobung-med-berufl-assessment/

Yalom , I. (2007). Theorie und Praxis der Gruppenpsychotherapie. Ein Lehrbuch
(Leben lernen) (9.Aufl.) (Bd. 66). Stuttgart: Klett-Cotta.

Yalom , I. (2016). Theorie und Praxis der Gruppenpsychotherapie. Ein Lehrbuch
(Leben lernen) (12. Aufl.) (Bd. 66). Stuttgart: Klett-Cotta.